JN436355

창조문학대표시인선 · 222

아침 노을

이아영 시집

창조문학사

□ 은사의 초대시

태양 닮은 가을

한 화 덕
(시인 · 한 여울 문학대표)

가을이 아름다운 것은
태양을 닮아
붉게 타들어
진동하는 몸이 있고

노오란 감성의
아름다운 색의 언어가
시간의 흐름 속에
변화를 창조하기 때문이지

하늘의 사랑이
햇살로 노래하고 바람으로 화답하는
마음의 결실을
꿈으로 빚기 때문이지

□ 자서

전에는 그냥 지나쳐 버렸던 온갖 사물들이
다 의미가 있다는 것을 알게 되었고
잎새의 가냘픈 떨림 까지도
그들의 말하는 소리라는 것을 깨닫게 되었습니다.

세상의 온갖 사물들이 다 귀하지 않은 것이 없고
모두가 살아있는 생명체라는 것을 시인들은 발견하고
또 그들의 내면을 표현하고자
얼마나 많은 고뇌를 겪고 있는지도 알게 되었습니다.

부족한 제가 감히 시인의 반열에 한 발자욱 들어서게 됨을
송구스럽게 생각합니다.
바쁘신 중에도 작품해설과 시평을 해 주신 홍문표 교수님께
감사드립니다

귀한 재산처럼 모아두었던 편린들을 모아 한 권의 시집을
내기까지 그동안 지도해 주신 한여울 문학대표
자운(紫云) 한화덕 선생님께 감사드립니다.

가까이서 함께 시의 세계에 왕래하던 한여울 문학회
회원들의 격려와
그리고 언제나 기대에 찬 눈으로 바라보아준 남편과
동생 희영에게 감사하며 무엇보다도 건강을 주시고 때때로
영감을 느끼게 해 주신 하나님 아버지께 감사드립니다.

남은여생을 꾸준히 아름다운 시의세계에 잠기면서
살아가려고 합니다.
주옥같은 시어가 샘솟는 복을 내려주시기를 간절히
기도 합니다.

– 2014년을 맞이하며
이아영

이아영 시집

| 차 례 |

2부 그대 바람의 향기

3부 삶이 아름다운 색깔로

4부 그 해 여름

5부 깃발은 창공을 가르고

1 부
나의 그림자

그림 : 김용태 작

시의 언어

겨울바다의 모래밭을 걷는다
홀로 외로운 여행길
가다가 희미한 발자욱을 뒤 돌아본다

바다는 아름답다
은빛살에 반짝이는 모래와 해수
거침없이 갈 수 있는 바닷길이다

얼어버린 모래밭을 바라본다
모래는 말이 없다
빛을 받아 그저 반짝일 뿐

얼어버린 내 마음
모래밭을 파 본다
물이 고인다
메말랐던 모래는 그 밑에
해수를 감추고 있다

갈증을 가셔 줄 샘을
더 찾아 헤맨다

詩가 내게로 왔다

오뉴월 가문 땅 메마른 가슴
얼어붙은 강물처럼 냉랭한 영혼이여
늦가을 낙엽 같은 손끝의 떨림이여

詩가 봄비처럼 내 가슴에 내려
차가운 이성을 두드리고
연필 쥔 손끝에 힘이 돋아난다
하아얀 노- 트에 마음을 하나씩 그리기 시작 한다

가던 길 되돌아보며
마음의 보화를 캐내려 애쓴다

조금씩 아주 조금씩
얼음은 녹아내리고
강물의 흐름을 들여다본다

손끝으로 맑은 물을 훠- 이 저어 본다
저 속엔 무엇들이 살고 있을까

네가 존재하는 세상은 있는 것일까

빛과 그림자

찬란한 아침 첫 햇살이
베란다 창살을 황금빛으로 물들인다

거무스레 숨죽이고
그늘에 묻혀 있는 화초들

상생하는 존재
빛과 그늘
그로 인해 드러나고 감추이는

빛의 근원
정점에 가까이 다다를 때

어둠에 묻혀있던 저 화초들
비로소 제 빛을 발하며
가지마다 잎새마다
베토벤의 비창 소나타와 함께 빛나기 시작한다

햇살은 나의 침상까지 달려들어
처져 있던 심신을 소생 시킨다

등성이의 앙상한 가지는

혈육을 그리며
햇살을 그리며
바람에 흔들리고

저 멀리 산 그림자는
어느새 가 버렸구나!

그림자 1 – 나의 그림자

그림자는 내 모습
감추어진 또 하나의 나

떼어 놓으려 해도
늘 따라다니는
어쩔 수 없는 삶의 동반자

내 모습이 싫다
밖에 드러나는 모습이 더욱 싫다

감추고 싶은 그림자
온 몸을 움츠리고
동굴 속에 숨어버리고 싶은

부끄러움은 장지 문살에 비추이고
흔들리는 마음은 물가에 던지우고
너와나의 이별은 땅바닥에 드리워지고

잔잔한 호수에는 산 그림자가 잠겨있다

그림자 2 – 옛 사랑의 그림자

젊은 날의 사랑은 꽃과 같아

황홀한 색깔과 향기에 취하여
이 세상 어디든 사랑만 있으면
살 것 같더니

아 아 그땐
어디든 갈 수 있었지
향기에 취하여
보이는 건
오– 직 사랑 뿐이어라

어느새
세월 흘러 꽃잎 지고 향기 날아가
추억조차 희미한 옛 사랑이 되었네

허나
꽃잎사랑 떨어져
열매 달아 익어지면
예쁜 꽃잎 없어도
묵은 사랑 정겨워 흐뭇하여라

이제 보니
예쁜 꽃도 좋다마는
열매달린 가을 나무만 하랴
꽃 보다 아름다운 건
새콤 달콤 주렁주렁
사랑의 열매 이어라

젊은 날의 사랑은 꽃과 같아서

시간 1 – 흐르는 것

시간이 흐른다
쉬지 않고
강물처럼

아쉬움이 흐른다
작별의 시간이 멀지 않아
쪽배에 몸을 싣고

다시 만날 수 있을까
너의 따스한 손을
다시 잡을 수 있을까

수많은 사연은 쉬지 않고 가슴에 흐른다
삶의 풍경을 눈에 담고
강물은 소리 없이 흐른다

시간 2

묻지를 마오
어디쯤 가고 있느냐고

궁금해 하지 마오
무얼 하느냐고

재촉하지 마오
어디까지 갈거냐고

나와 동행하는
너를 떠나
잠시
혼자 멈춰 서서 귀 기울이니

촌음의 발자국 소리
기마병의 말발굽 소리처럼

지나 온 세월 건져 올릴 길 없어
무얼 하며 살까
남은 세월 얼마인가
묻지를 마오

시간 3 – 살아 있는 것

손때 묻은 그곳에는
그대모습 남아있어
얼룩진 소리에 내 가슴이 뭉클
오래전 당신의 모습이 그려집니다

지금
문명의 달음박질 따라
사라진 당신의 모습도
기억 저 편에 희미한데

*소리박물관 따라
옛 골동품의 숨소리가
이곳에 살아 있음이여

보이지 않는 당신의 존재는
언제나 함께 숨 쉬고 있다
당신의 기억 속에
당신의 심장 속에
당신의 소망 속에

---

*소리 박물관 : 강릉 경포대에 있는 에디슨 기념박물관

메아리

적막한
포효의 함성이

야– 호
거기 누구 없소?
내 말 좀 들어 보소
잘 들리오?
얘기 좀 해 보시오

절벽 같은
심연의 간곡함이
나는 외로워

메아리 되어 되돌아오면
나도 외로워…워…워…

나이테

동그라미 하나
해를 품어 안고

희로애락에 흘러가는 시간
세월의 껍질 속에 감추고
한 줄 또 한 줄

꽃다운 얼굴에 점점
인생의 연륜이 그려지고

눈가의 나이테는
수많은 사연을 머금어

눈물로 씻어내고
미소로 장식하고

숨길 수 없는 많은 세월
기억하라는 하늘의 선물이라네

소나무의 외로움 – 나는 그 자리에

지척에 핀 진달래 개나리
너 예쁘다 쓰다듬을 수 없어
고운향기로 맡아 볼 뿐

깃들어 지저귀던 이름 모를 새들
날개 접고 쉬다 날아가는데
잡지 못한 채 그저 바라보기만 할 뿐

이웃친구들 온 산에 사는데
악수 한 번 못하고
건너다보기만 할뿐

그늘 좋다 쉬어가는 사람 있어
세상살이 함께 할 줄 알았는데
굽은 등줄만 안아 볼뿐

지나가는 바람 한데 모아 아픔 달래며
묵묵히 그 자리에
홀로 서 있을 뿐

소나무 분재

나 정녕 숲이 그리워
산을 찾았다
하늘 숨 쉬러
산에 올랐다

마주치는 객들은 떠나간다.
흐르는 계곡의 주인도 …
변함없이 반겨 주는 건
온 산에 가득한 나무들

그들은 누가 오가든
탓하지 않는다
아무것도 바라지 않고
그냥 그대로 기다린다

한 자리에 묵묵히 서서
아낌없이 주는 나무가 좋다
맑은 공기, 시원한 그늘
끝내 자신의 그루터기까지

나를 그곳에
옮길 수 없기에
소나무 분재 하나
내 가슴에 옮겨 심고

솔잎 사이로 산바람이 분다
새 순 돋아 연두 빛 소망
깊은 산골에 간 듯
답답한 가슴 달랜다

솔잎 사이로 산바람이 분다

강

두꺼운 얼음 옷 입고
눈보라 피해
물고기들과 겨울나고
겨울 옷 둥둥
한 조각씩
봄소식 전한다

삼복더위에 찾아 온 많은 사람들
첨벙 첨벙 한 몸 되어
물고기, 사람, 강물, 바닥의 자갈도
모두 모두 즐거운 여름

명경지수(明鏡止水) 강가에
나뭇가지 예쁜 단풍
높은 하늘 파아란 물감 강물에 풀어
무지갯빛 섞어 물들인
가을 풍경화 속

어머니 거울 같은 강물위에
앞산은 놀고 있는데
아라비아의 양탄자를 가르며
유유히 노 젓는 물새 한 마리

나룻터

출렁이는 강물 위에 뗏목의 다리로
손님맞이 분주한 두둥실 나룻배

기쁨 설움, 꿈과 기대, 가지가지 사연 따라
이별과 만남이 젖어 있는 가을 저녁 나룻터
무심한 강바람만 휘감기네

뗏목위에 나부끼는 흰 무명수건
물안개에 가리우고
무심한 강물은 출렁 출렁

사연일랑 바람에 실어
다시 올 날 기약 없이 떠나가는
두둥실 나룻배

서글픈 봇짐 안은 저 젊은 아낙
멀어져가는 나룻터가 이내 아쉬워
이슬 맺힌 눈망울이 앞을 가리네

저 멀리 삐걱삐걱 뗏목 우는 나룻터
출렁이는 물결과 강바람을 벗 삼아
나룻배 기다리네

물안개 걷힐 때
강 모롱이 돌아오기를

저 멀리 삐걱 삐걱 뗏목 우는 나룻 터

삶은 흐르는 강물이 되고

– 마기원 문우님의 시(詩)를 읽고

길가에서 만나는 표정들이 밝아 옵니다
무슨 좋은 일이 있었나 봅니다
그것은 분명
기적이 일어나고 있습니다
가문 땅 같은 마음에
은혜의 단비가 내리기 시작 했습니다

천 길 낭떠러지
굴러 떨어질 것만 같던 마음에
잡아야 할 두 가지가 보입니다
연약하지만 부러지지 않는
가슴에서 뻗어 나온
내면의 가지입니다

어디를 가든 따라 다니는 그의 분신은
꽃이 피고 열매도 맺는
그루터기에 기대어
사랑을 먹고 자랍니다

비, 바람, 엄동설한에도
끄떡 없이 잘 견디며
한 살을 더 먹습니다

더 든든해집니다
단비를 가득 머금고 우뚝 서야 합니다

봄이 오면
잎 새 사이로
살며시
훈풍이 불겠지요

친구 – 여고동창

끊을 수 없는
흙과 같은

수십 년의
그루터기 같은 존재
변하지 않는
변할 수 없는

파고 또 파도
흙과 같은
눈, 비, 서리, 이슬
모든 것을 수용 할 수 있는

주름 뒤엔 언제나
단발머리가 보인다
새 하얀 교복이
자주색 책가방, 흰 양말
재잘대던 그 목소리도

아!
보고 싶다

어디에 살고 있는지
알 수 없는 친구들이

그 이름 불러 보고 싶구나
정희, 명옥, 혜주

오늘도 같은 하늘 아래

가을 여행

늦가을 바닷가 「쪽빛 길」 따라
인적 드문 구 도로엔
그 흔하던 차도 간간이 보일뿐

서서히 달리던 차를 멈추고
울진의 모래사장을 걸어 본다
멀리서 내려다보던
파도가 나를 반기는 듯하다

파도 소리는 나에게
무슨 말을 하는 것 같다
철석이며 달려와선
'어서 오세요'
'심심 했어요'
'기다렸어요'

잉크 빛 바닷물을 보시기에 담아
손가락으로 찍어
빛바랜 내 가슴에 쓰면
글씨가 써 질것 같다
정말 진한 동해바다이다

하늘엔 평화로이 흰 구름이 떠 있고
가을 햇살은 쪽빛 바다를 하염없이 보고 있다

한없는 수평선 위로
내가 좋아하는 하늘색
오묘한 흰 구름의 수채화
깨어진 조개껍질 몇 개를
소중하게 주워들고

내 작은 눈에 담으니 가슴이 차오른다.

파도는 여전히 철썩이는데-

동자스님의 번뇌

봄바람에 흩날리는 매화는
동자승의 번뇌를
쓰다듬듯 위로 한다.

발그스레 물든 볼에 숨겨진
질풍노도의 가쁜 숨결

스러져가는 불꽃을 일구려
손에 든 부채로
화덕 위에 쏟아 낸다.

누구를 위하여 끓이는 차 일까

매화 향기 더불어
고운님께 드리고파
바람막이 둘러 세워 불꽃 일구니
주전자 뚜껑이 춤추듯 들썩인다.

봄내음 가득 매화향이 녹아 든 찻잔은
드리는 이와의 마음속의 대화를
그윽하게 하누나

아!
바알간 볼 동자스님의 번뇌에
떨어지는 매화꽃의 부드러운 손길
스러져가는 화덕의 타다 남은 재 가슴에 묻어둔 채

한 잔의 찻잔을 고운님께 올리는
아름다움의 도를 향하여
한 걸음 더 정진하시기를

지우개

당신의 슬픈 마음을 지워 드릴게요
기쁜 일로 다시 한 번 마음을 그려 보세요

모진 말을 했던 마음의 찌꺼기도 모두 지워 드릴께요
사랑의 말로 바꿔 보세요

즐거움 끝에 오는 공허함을 지워 드릴께요
부드러운 손길로 어루만져 당신의 마음을 채워
아픈 가슴에 장미를 한 송이 그리세요

당신 가슴에 쓰여진 미운 사람의 이름을 이제는 지워 드릴께요
그리운 사람들의 모습을 가슴에 그리세요

당신의 새 하얀 웨딩드레스에 얼룩진 삶의 상처를
모두 지워 드릴께요
또 하나의 아름다운 꿈과 또 하나의 아름다운 이상으로
멋지게 장식 하세요

모진 세월에 패인 후회의 발자국을
말끔히 지워 드릴께요
새로운 소망의 발걸음으로
이제, 남은 세월을 걸어보세요

추억

추억은 물방울 같은 것
한 방울 떨어져
마른 기억 속에 스며들다가
금방 말라 버린다

그것은 안개 저 편에 드러진
아름답지만 갈수도 없고
잡을 수도 없는
어느새 사라지는 무지개

추억은 빛바랜 액자 속의 수채화
슬픔도 아픔도 애틋함도
저 너머로 보이는 그 시절의 삶
다시는 똑같이 그릴 수 없는 한 폭의 그림

추억은 꿈을 간직한 곳
빗장을 열어
잃었던 꿈을 다시 보며
못 이룬 꿈을
하나씩 짚어 본다

추억의 문이 열리면
슬픔과 괴로움은 어느새 깃털처럼 가벼워지고
희미한 그림자 되어 떠오르는 사랑의 기억
입가에 미소를 머금을 수 있게
하루하루 아름다운 그림 그리며 살아가자

눈물이어라

빙상에서 혼신을 다해 옷깃 나빌리는 김연아의 몸짓은
온 염원과 바램을 담은 소망의 결정(結晶)이어라

폭풍처럼 물결을 가르며 솟아 오르는
박태환의 포효하는 승리의 함성은
가슴 졸이던 우리 모두의 환성이어라

박칼린의 눈빛 아래 주눅 들린 남자의 자격 합창단
하모니를 타고 흐르는 뜨거운 감격
사랑과 믿음으로 할 수 있다는 자신감
아름다운 이들의 완벽한 노력에 대한 값진 박수이어라

최인호의 글 '가족' 속으로 들어가면 우리의 가족이 생각나서
솟아오르는 가슴이 뭉클한 감동의 향기이어라

어릴 적 즐겨 부르던 노래를 들으면 아련한 추억 속에
진주처럼 영롱한 이슬방울이어라

한 해가 기우는 태양도 떠나가기 서운하여
찬란한 노을 속에 머금은 마지막 한 방울의 아쉬움이어라

내 땅을 사수하고 쓰러진 어린 학도병들이 흘리는 핏방울은
다시는 보지 말아야할 낙동강의 눈물이어라

연평도 해전 – 미안하다 연평도여

포성과 연기 화염
우리의 땅 연평도
뜬금없이 유린당했다

경악한 온 국민의 가슴은 떨린다
나쁜 놈들
미친놈들
어찌하면 좋으랴
어쩌면 좋으랴

좁은 땅에 한 민족이
이렇게도 띠앗머리 사나워서야
저 넓은 미국땅이 부럽다
캐나다가 부럽다
싸우지 않는 나라가 부럽다

우리는 정신 차려야겠다
구석구석 자기 몫을 다 해야겠다

남의 탓 말아야겠다
내가 잘 못 했다

미안하다
연평도여!

폭포수의 비밀

저 멀리 보이는 파아란 하늘 아래엔
무엇이 있기에

그림 같은 병풍 암벽위엔 무엇이 있기에
끊이지 않는 폭포수를 뿜어내고 있는 걸까?

하얗게 부서져 내리는 물줄기를 안마 삼아
오랜 세월을 포용하며 견고히 앉아있는 저 바위들

떨어지며 부딛쳐오는 고통과 환희
흘려보낸 하얀 물줄기는
흘러 흘러 시냇물이 되었다.

흰 구름은 알고 있겠지
저 푸른 나무들은 이해하겠지
묵묵히 견디고 있는 말 없는 저 바위의 아픔을

힘차게 쏟아지는 저 폭포수
보는 이의 가슴을 시원하게 씻어주고
슬픔에 젖어 우수에 쌓인 머리를 상쾌히 한다
피로에 싸인 나그네의 땀을 씻어주며
분노로 흥분된 억울한 자의 동반자가 되기도 한다.

이런 수많은 사연을 들어주려고
저리도 끊임없이 뿜어 내리고 있나보다

2부
그대 바람의 향기

그림 : 김용태 작

봄의 소리

봄의 소리
처마를 울릴 때면
훈풍은 나의 뜰을 덮는다

경쾌한 왈츠에
움튼 새 싹
대지를 간질이고

겨우내 껍질 속
숨어 있던 아기 눈
쏘옥 머리를 내밀고

덩달아 순이랑 분이
나물바구니 끼고
들로 산으로 나들이 간다

머언 산 아지랑이
바둑이와 어미닭
마당가에 졸고

처마 끝에 기다리네
강남 갔던 제비 돌아오기를

봄의 소리
나의 뜰을 덮는다

봄의 여신

밤사이 소리 없이 춘설이 쌓인 들녘
문득 볼에 스치는 바람의 발자욱 있어

겨우내 에이던 코끝의 칼바람 사라지고
어느새 봄 향기 묻어나는 훈풍의 설레임

얼었던 흙을 간질이는 봄바람
냉이 달래의 머리카락은 언 땅을 이고

춘설이 잦아들기를 기다리는
새싹들의 기지개

움츠렸던 봄의 정령은 어느새
노랑나비 흰나비 되어
개나리 진달래와 숨바꼭질 하고 있다

봄비의 첫사랑

엊그제 내린 비
얼어붙은 내 가슴
저 산 마루에

지나가는 꽃샘바람 시샘에도
새 순 돋아 아기나무
고사리 손 흔드네

오늘 또 내린 비
땅 속에 잠자던 수선화 잎사귀
두 손 높이 들고 솟아올라 인사하고

새로운 숨결처럼 해맑아진
생명의 기운이 여기 저기 소생하고

솜털에 덮인 버들강아지
물 오른 나뭇가지
그리움이 연두 빛으로 피어오르고

이제 막 피어나는
첫사랑의 놀라움처럼
내 가슴을 두드린다

봄의 소리에 내린 비

2011년의 봄비

봄비가 차갑다

가을비 인가
삭풍에 날아 온 눈보라 인가

겨울잠에서 기지개 켜는
산천초목
목말라 부서지는 흙먼지도
올해엔
봄비가 그리 반갑지 않다

보슬 보슬 이슬비는
여전한데
나란히 걷던 연인
학교 길의 우산 세 개도
올해엔 도무지 흥겹지 않다

살갗에 부딪는 고운 빗방울
머리에 떨어진 낙숫물 한 방울도
그냥 싫다
빨리 씻고 싶다

저 옆 나라 쓰나미 후에 원전의 공포가

아름다운 봄의 소리를
즐기지 못하게 한다

아.
부드러운 봄비를
맞이할 수 없다니…

봄비가 내 가슴에 차갑다

하얀 약속 – 목련

슬픔을 머금은 듯
하얗게 봉울져
꽃샘바람에 너울너울

그리운 사람
서 있을 것 같아
창을 열고 바라보네

아득히 먼 곳에 잊혀 졌지만
봄이 오면 그리워
하도 그리워

새 하얀 목련꽃잎
떨어질까 마음 졸이네

그때 그 사람
한 겹 또 한 겹
눈빛으로
피어나던 하얀 약속

오월의 향기

어디선가 달콤한 내음이
코끝에 스민다

오월은 어느새
사립문 뜨락에 들어 선다

부드러운 연록의 바람결에
여기저기 잠자던
꽃봉오리

품고 있던 향내를
허공에 날린다

제 모습 만큼이나
독특한 색향으로
벌 나비 부르는
그윽한 미인은 누구인가

휘휘하던 산야에
싱그런 오월의 향기로 만개하다

군자란 – 희망의 불기둥

생김도 의연하게 넓고도 푸른 잎은
세상을 드받들어 묵묵히 받쳐주고
어느새 우뚝 솟아난 굵은 꽃대 놀라와

한 송이 꽃망울은 해돋이 붉은 태양
겨우내 모았던 힘 붉은 꽃 송이송이
숨었던 세상그리움 꽃잎마다 물들여

이름이 군자인 너 정염의 불꽃처럼
그리워 바깥세상 탐스레 기둥타고
희망의 불기둥 되어 가슴속에 찬란히

바다 1

별들의 거울인가
보석처럼 쏟아진다

지나가는 이에게
오라는 듯 손짓한다

갈매기 떼 앉았다 날아오르는데
물고기의 숨소리인가
무얼 말 하려는가

들리지 않는 함성 속에
분주히 날아드는 갈매기들

저 멀리 뱃고동 소리
바닷물은 여전히
너울너울 춤추는가

눈부신 바다에
마음은 달려간다

별들의 거울인가
보석처럼 쏟아진다

바다 2

저 넓은 바다를 보아요

반짝이는 금가루를
뿌려 놓은 듯

무심한 갈매기 한 마리
바다의 손짓 따라 날아가
그 많은 보석을 찾아 보네요

출렁이는 물결 위에
신기루 인양
금빛 햇살 뿐

바람에 주름진 파도 너머로
돛단배 너울너울 홍겨워라

저 넓은 바다를 보아요.
반짝이는 보석의 바다랍니다

파도 1 – 파도의 춤

안길 듯이 총총 걸음으로 달려온다
모래 섶에 출렁대며
부서져 흩어지고
바다에 숨어버린다

저 멀리 고기잡이 나간 님 소식 안고
넘실넘실 춤추며 달려온다

잔잔한 바다에 반짝이는 은하수의 별들
알 수 없는 보석처럼 빛난다
아기들의 유희 같은 파도의 몸짓은
오징어잡이 배들의 만선에 즐거워 한다

파도야 파도야 새신랑이 저어간 배
무사히 돌아 올 수 있을 만큼만 춤추어라

파도 2

여기까진 안 오겠지 눈감고 서 있으면
발목까지 붙잡고 달려든다
저만치 왔다가 떠나가는
바닷물에 맨발로 기다리면
해맞이 나온 연인들 가슴에도 밀려온다

음정과 박자는 바다의 마음대로
바다의 심포니에 맞춰
돛단배와 어부들의 손놀림에
갈매기들도 흥겹다

다시 거품 물고 무섭게 성내며 달려와
해변에 쏟아 내고
밀려오는 파도에 숨어 버린다

그리움에 수 없이 부딪친
조개껍질은 알고 있겠지
무수한 세월에 다녀간
파도의 발자국 소리를

계곡물

두발을 담그세요
등줄기에 흐르는 땀을
깨끗이 씻어 드릴게요

소리를 들어 보세요
세상의 소음에 쌓인
마음의 때를 씻어 드릴게요.

마음으로 만져보세요
곱게 닳아 매끄러운 자갈의 얼굴처럼
세상 물결에 시달린 영혼을 다듬어 드릴게요

나에게 살짝 입맞춤 해 보세요
맑고 신선한 생명수로
맛의 시원을 느껴보세요

그냥 가지 마세요
송사리 가재 고둥, 산 그림자와 함께
언제나 당신을 기다릴게요

무지개

여기를 보세요
우산을 접고
하늘을 보세요

폭풍 치던 지난 밤
날아간 처마 밑에
떨어진 제비 가족

폭우에 쓸려 간 산등성이
쏟아 내린 토사에
숨 죽여 떨고 있는 아기 다람쥐

거센 파도에 돛을 잃고
넋 나간 채 흔들리는 쪽 배

우면산 바람은 토닥이네요
지나가는 바람도 햇살을 맞이하네요

고개를 드세요
우산을 접고
하늘을 보세요

노 초
주　　　　파
빨　　　　　　　남　보

이제는 희망의 빛을 드립니다.

섬 1

다소곳이 고개를 내민다
망망대해 깊숙이 발 돋우고
머리만 겨우 들어 숨을 쉰다

수많은 비밀을
심연 속에 가득이 감추인 채
사연 실어 밀려오는
파도와 벗하며
거센 풍랑 속에 묵묵히

언제나 그 자리에 서 있다
햇살도 잠시 쉬어가게

섬 2

누구를 기다리나
마음 문을 활짝 열고

저 멀리 통통배 소리
날으는 갈매기의 환성
섬 그늘에 귀 기울이고

은하수 사다리 밟으며
밤하늘의 별님 달님
고운님 함께 기다리는
섬마을로 마실 나온다

가을 들녘

봄의 전령 개나리처럼
가을 들녘엔
코스모스가 단골이네

고개 숙인 익은 벼
황금물결 출렁 대고
흥겨워진 메뚜기 방아깨비
풍요를 즐기네

들녘 저 너머 초가지붕
굴뚝 위에 모락모락
하얀 연기 피어나고

지붕위의 박 넝쿨
둥근 박이 힘겨운데
제비 다리 고처 얻은 흥부네 박은
다친 제비 없나 처마 밑 살피고

어린 날의 가을 풍경
강아지풀에 꿴 메뚜기
살려 달라 파닥이는데
아이들은 좋다고 논둑길에 뛰 노네

땅속의 보물 캐듯
흙 묻은 감자 고구마
여름 내 쏟은 땀방울

가을 들녘은 대지를 기억하고
아름다운 결실로 흥부 박이 춤추네

가을맞이

초가을 보름달은 하늘가 솟아있네
구름은 한 점 없고 내 맘도 드높아라
기러기 어린새끼들 어미 따라 날아가네

무더위 한풀 꺾여 나서는 산책길에
바람도 한들거려 상쾌한 발걸음들
뚱뚱이 절룩이는 이 오락가락 불광천

어느 날 초저녁에 가을이 다가온 듯
무더위 구름 속에 슬며시 감추이고
머언산 하늘자락엔 단풍소식 들리네

어느새 소매 끝에 스치는 소슬바람
한나절 흐르던 땀 씻은 듯 보송보송
저- 들녘 고추잠자리 하늘가에 맴도네

달 1 – 도시의 달

빌딩숲 사이로
숨바꼭질 하듯

가로등인가
무심코 돌아보니
밤하늘에 놀러 나온
둥근 달이었네

한강 다리 위에 걸린
저 달이
손에 잡힐 것만 같아

장대 들고 망태 메고
달 따러 가자고
소리소리 불러대던
어릴 적 그 노래

토끼도 계수나무도
그 자리에 여전한 데
달 속엔 *항아도 보이지 않고
숨바꼭질 하던 소꿉친구들은
어디에 있는지

오늘은 유난히 저 달이 정겹다
달아 달아 밝은 달아
내 가슴에 휘영청 둥근 달아

---

*항아 – 중국신화에 나오는 달의 여신

달 2

별과 함께 밤을 주관하는 이여
땅을 비추어
어두움을 쉬게 하는 이여

어둠의 장막을 밀고나와
환하게 웃으며
잠들어 가는 만물 위에
보드라운 달빛이불을 덮는다

졸리운 버드나무 가지위에
잠투정하는 아기 속 눈썹 위에
포근한 황금빛 자장가 되어
새벽까지 곤히 잠재운다

무심한 맹꽁이는
구슬피 우는데
길 잃은 기러기는 잠들었을까

토끼도 보이고 계수나무도 보인다
둥근 얼굴에 푸근한 미소
마음씨 좋은 그녀가 정답다

맑은 밤하늘 위에
말없이 웃고 있는
푸근한 보름달 아주머니

오늘도 기다린다
어두움을 쉬게하는이여

내 마음 저 달에게

구름 낀 하지 날에 달무리 은은하다
저 산마루 언덕위에 마음을 걸어두고
내 마음 저 달은 알까 눈빛으로 전하네

캄캄한 그믐밤에 어디메 숨었다가
소슬한 외로움에 살포시 눈썹처럼
다가 온 저 하늘가에 그리움이 커가네

보름달 둥근얼굴 미소로 가득한데
이 마음 갈 곳 없어 밤하늘 바라보며
달빛에 사랑을 담아 휑한 가슴을 채우리

코스모스 1

가녀린 몸매에
해맑은 미소

흐르는 바람결에
맞서지 않고

이리저리 휘어지는
긍정의 힘이여

코스모스 2

목이 길어 서글픈 코스모스
누굴 기다리나

동서남북 훠이훠이 찾고 있는
그님은 언제 오시려나

단풍소식 가을바람에 실려 오는데
빨간 잎새에 내님 소식 붉게 전해오네

낙엽

싱그러움을 뽐내던
신록의 나뭇잎이

어느새 황갈색 바람에
살짝 물들더니

이내 한잎 두잎
몸을 가누며
가을을 알린다

지난 무더운 여름날
가지는 지쳤는가
마른 잎 하나
매달릴 힘도 없다

서러워 뒹군 낙엽은
떠나온 친구들 그리워
놓아버린 빈 가지를 바라보며
애타게 기다린다

나무의 얼굴

떨어지며 나부낀다
뒹굴며 생각한다.
파삭 파삭 말라 부서지는 소리

연약한 녹색의 몸으로
아름드리나무에
쉴 수 있는 그늘에
아름다운 단풍
마음의 탄성을 자아내게 하더니

이제 소임은 다 한 것인가
모닥불에 태워져 한 줌 재가 되고
연기 되어 날아가면 그만인 것을

아 !
기억하지 못하리

떨어지며 나부낀다
뒹굴며 생각한다.

봄이 되면 새 순이 다시 돋아나게 될 것을
나이테 한 줄 더 그어진 얼굴에는

국화

뜨락엔 황국이
향기를 날리고

타는 듯 하던 나뭇잎
소슬한 바람에
불꽃 잦아든 삭정이처럼
마른 잎 하나 둘 떨어져
땅을 붉게 물들인다.

향기는
황홀했던 단풍의 아쉬움인가
국화향이 어우러져
가슴 속 깊이 평온을 안겨준다

지켜보는 노오란 마음은
환하게 짓는 가을의 미소
가을을 지키는 이 땅의 파수군 같다
가는 단풍 잘 가라는

뜨락엔 황국이
향기를 날리고

가을비

문득 바라보니
유리창에 빗방울이
늦가을의 눈물처럼 흐른다

떠나가는 가을의 아쉬움인가
가혹한 동장군에 대한 두려움인가

옷깃을 여미게 하는 찬바람은
동장군의 군화 소리와 함께 성큼 다가왔다

눈인 듯 창문에 부딪치는 빗방울
해 가려 어스름한 한낮에

마지막 잎사귀마저 떨어진
나목을 목욕 시킨다
첫눈 맞을 새 신부처럼

가으내 품고 있던 가을향기
빗물 속에 담아 땅속깊이 묻어두었다가

눈 녹으면
봄 내음 아지랑이 날개 끝에
봄 향기 되어 실어 나오리

눈(雪)들의 소풍

봄, 여름, 가을동안
아름답고 신비한
오묘한 레이스 뜨개질

새하얀 드레스 차림으로
하늘 문을 열고
날아 날아 소풍 나간다

햇님도 살짝 구름 뒤에 숨겨두고
구름속의 빗방울 물병 속에 담아
하늘하늘 드레스
자락자락 옷깃잡고
둥실 둥실 춤추며 소풍 나간다

소복소복 내려 앉아 덮어 볼까
반겨주는 아이들과 놀아나 볼까
희로애락 가득한 세상 나들이
잠시라도 내 한 몸 녹여 씻어 볼까

하늘 빗장 열고
소록소록 겨울 소풍 나간다

가을의 끝자락에

가을의 끝자락에
단풍의 미련을 가슴에 안고

머언 길을 달린다
비선대로 향해

바삭 말라 바람에 나부끼는
낙엽을 밟으며

가지에 남아있는 단풍이
어서 오라 손짓한다

늦은 손님을 맞이해 주는
몇 그루가 두 눈에 반가워
기쁨으로 가슴에 담는다

낙엽 향기에 젖어 걸으며
발끝에 들리는 소리

빨간 단풍을 밟는 소리
탄성이 묻어나는 듯하다

그대 바람의 향기

그대 바람아 아시나요
무더운 여름밤에
얼마나 기다리고 있는지

당신께 드릴 향기 찾으러 솔밭을 지나
들꽃가지 흔들어, 풀내음 꽃향기 맡으며
임에게로 다가간다오

저 멀리 산등성이 나뭇잎 살랑여
반가운 그대 모습에 가슴 설레이누나

당신께 드릴 향기봇짐 여며 실어
숨 가삐 날아 왔소

그대여 빈손조차 반가운데
향내 실어 이리 더디 왔는가

무더위에 지친님이시여
봇짐 열어 맡아보소 당신 향한 나의 마음

잠시 머물다 갈 약속한 그대
봇짐일랑 두고 가소

다시 만날 그대 생각
향기 벗 삼아 기다리오리다

잠 못 이루는 임이여 돌아올 그 밤엔
시원한 강바람을 가득 실어 나르오리

무더운 여름밤에 임 더욱 그리워지네
바람이여 속히 다시 오소서

거미와 햇살

여름의 절정
이글거리던 8월의 태양이
서쪽 하늘로 기울어 잠자리에 누울 때

기운 차린 거미가 기지개 켜고 슬금슬금 나온다
오늘은 어디에 집을 지을까
영글어가는 벼이삭, 솔잎위로
호박잎과 콩잎을 이어 볼까

나는 야 비단실 줄줄이 뽑아내는
베틀의 숲속미싱사
밤새워 풀을 이어 박음질 하고
아무도 모르게 소리 없이 실그물 뜬다

허공에 그물침대 걸쳐 놓고
곤충이 혹시나 눕기를 기다리는 듯
풀잎에 몸을 숨기는 외로운 사냥꾼

새벽안개가 걷히고 햇살이 드리우면
거미줄의 영롱한 이슬방울
소리 없는 물방울 연주가 보석처럼 빛난다
지난밤 주검으로 떠난 곤충을 위한 서곡으로

그들의 슬픈 눈물 고여 방울꽃 되었나

8월의 볕을 받아 벼이삭 영글어가고
허공에 뜨개질 하던 긴 다리로
밤새워 그물 지어 아침이슬 엮어놓고
풀잎 뒤에 숨었나 꽃잎 아래 졸고 있나
은구슬은 사라지고 햇볕은 쏟아지는데

3부
삶이 아름다운 색깔로

어머니의 노래

그 입술엔 언제나 노래가 젖어 있었다

흐르는 물결 같고
때론 봄비같이 포근한

맑은 시냇물처럼
울려 퍼지던 내 어머니의 노래는

소원대로 하늘에 닿았나 보다

기쁠 때나 슬픔이 가슴 안 밀려올 때나
맑고 고운 음성으로
온 집안을 평화의 기운으로
뜰 안 가득히

시름은 가사로 녹여 흐르고
한숨은 기도하는 마음으로
원망도 두 손 모은 노랫말이 되어

바람에 실려
하늘로 날려 보내던
그 때 그 음성은

어린 날의 기억의 샘물처럼
나의 입가에 젖어 맴 돈다

꿈길 속에서

소식이 없다
아무리 기다려도
돌아오실 시간이
훨씬 지났는데

나는 방황하고 있다
어떻게 가고 있는지도 모른 채
시간 속에 허둥대고 있다

수많은 사람이 떼밀려 오가도
마음속은 텅 비어 부모님 계신 곳으로
가려고 애 쓴다

전화하려 해도 받지를 않고
어디로 가야 할지 모른 채
머언 곳을 어떻게 가야 할지
막막하기만 하다

눈을 떠보니 꿈길이다
오래전에 돌아가신 부모님을 기다렸던 그 꿈 이었다
가슴이 무너지듯 짓누른다
다시는 뵙지 못한다는 사실이

꿈속엔 살아계실 것 같았는데
떠나신 후 다시는 뵙지 못한 모습

열 살 때처럼 그 때가 아쉬워 진다
아! 계실 때 좀 더 기댈 걸
그 따스하고 넓은 품에 한 번 더 안겨 볼 걸

어머니, 아버지! 보고 싶어요

사모곡

내 나이 예순여덟

잊은 줄 알았다
괜찮은 줄 알았다
이 나이엔 없어도 되는 줄 알았다

그런데

하나도 잊지 않았고
전혀 괜찮은 게 아니라고
정말 보고 싶고
더 기대고 싶어지는
그리움의 본향 이다

나는 아직 그 때
그
열 살인 것을

촛불

나 어릴 적
촛불 하나 있었지
우리 가족에겐 언제나
빛이 되어주었고
웃고, 춤추고, 노래하게 했던

촛불이 안 보이면
온 집안은 텅 비인 것처럼
불안하고 어둠이 가득 하여
아무도 없는 것 같은

초가 점점 줄어드는 것도 눈치 채지 못하고
언제 까지나 있어 줄 것 같았던 그 빛
촛불은 온 집안을 끊임없이 밝혀 주었다
자기 몸이 녹아 없어지는 것도 모르는 채

다 타버린 심지 깜박 거릴 때
비로소 촛불의 소중함을 깨달아
꺼져가는 불꽃을 돋우려 했다

마지막 빛은 허공에 발하고
촛농 속에 묻혀 버리고 말았다

그 심지 다 할 때까지
꺼지지 않는 빛으로 남아

아! 숭고하고 따스했던
아직도 우리의 가슴 속에
빛나고 있는 그 촛불을
다시 한 번 볼 수 있었으면..!

나 어릴 때

할머니,
저 달이 자꾸 날 따라와

어디-?
나 어릴 때 도
그게
참 이상 했단다

둥근달에는
토끼가 있는 줄
알았지

바다엔 용궁이
있는 줄 알았지

호랑이도
떡 하나 주면
안 잡아먹는 줄 알았지

호랑이는 곶감을
제일 무서워하는 줄 알았지

칠석날엔 견우와 직녀가
하늘에서 만나는 줄 알았지

나는 다리 밑에서
주워 왔는 줄 알았지

내 그림자는
나를 밟으려고 하는 줄 알았지

나 어릴 때

삶이 아름다운 색깔로

– 동생의 회갑에

차례로
우리의 인생은 나날이 익어갑니다

하나님의 햇빛과
이웃의 온정의 힘과
가족들의 사랑의 물줄기로

하루하루 살쪄갑니다
달콤하고 부드럽게
삶이 아름다운 색깔로

과일의 속살과 겉모습이
맛있는 결실로 농익어 가듯이

성숙의 계절로 한 걸음 들어선
우리의 인생에
더욱
풍요로운 시간이 기다립니다

기 대 하 세 요
성 숙 의 계 절 을

우리의 인생은
나날이 익어 갑니다.
사랑의 물줄기로

가시나무 새 - 부부

그대와 나
매일 같이 그러하듯

남에게는 줄 수 없는 마음의 가시
그대는 나에게
나는 그대에게 온전히

뾰족한 가시나무는
자신을 괴롭히고
서로를 아프게 하고 슬퍼한다.

도무지 이해 할 수 없는 이 상황
문득 깨닫게 되었다
그대와 나는 하나라는 사실을

'나에게 좀 더 관대 해 지자
남에게 하듯 존중 하자
나를 귀하게 여기자
나에게도 예의를 지키자'

그리고 받아들이자
가시나무에 사는 그대와 나는

일심동체 이었다고

늘 그러하듯
가시나무새 한 마리 가지에 앉아
오늘도 맑고 청아한 오카리나 소리
'당신의 소중한 사람을' 읊조린다.

아! 그대와 나는 하나이었구나!

어미 새

어릴 때
어버이 보금자리 속 새끼 새 되어
배 불리고 노래하며 때론 울기도 했지

어미 새는 손 마를 사이 없었던
뼈가 앙상하게 드러난 모습에서도
그 얼굴엔 언제나 넉넉한 평온이 가득했었지
쌀과 연탄 들이는 날 흐뭇해하시며
새끼들 등 따시고 배부르게
애 쓰시던 우리의 어버이 새

동네 구멍가게엔 늘 달려 있는 외상값
아침이면 저마다 차비와 학급비 책값 학용품값 챙기느라
주머니는 늘 휑한 바람이 불어도
학교 가는 뒷모습을 저 멀리 바라보며 뿌듯해 하시던

둥지 안의 새끼들은 그러면서 늘 만족하고 밝게 자랐지
어버이 사랑을 먹고서…

새끼들은 차례로 날갯짓을 시작하며
하나씩 어미 곁을 떠나게 되었지
새끼들은 저마다 새 둥지를 틀고

새끼 새들이 저 푸른 하늘로
힘껏 날아가기를 기원하던
병들어 뼈와 가죽만 남은 어미 새는

이미 거기에 보이지 않아
빈 둥지만 가지에 남아있었네

너희에게 (손자들에게)

너희들이 나의 분신 속에 샀 텄을 때
신비한 기대감 속에
어떤 놈이 나올까 얼마나 궁금했던지

병아리처럼 젖은 너희들 모습
정말 신비한 하늘의 선물이었지

하품하며 찡그리는 모습에 환호하며
얼굴 근육 조금이라도 움직이면 우리는 너무 기뻐
어서 어서 옹알이하기를 기다렸지

이제는 학교, 유치원, 어린이집 가고,
가고 싶은 곳엔 어디든 다 걸어 갈 수 있게 컸지
아직 기저귀를 찬 막내 놈도 어눌한 발음으로
무슨 말이든 다 표현 할 수 있어
그 귀여움은 이루 말할 수 없는 행복에 젖게 한단다.

너희들이 주는 이 행복 이 기쁨 언제까지 일까
너희가 다 커 버리면 귀여움이 사라질까봐

장차 너희들이 어떤 사람으로 커 있을지
그 모습을 보게 될 수 있을까도

낙엽처럼 떨어져 대지에 스며들 때
낙낙 장송 푸른 줄기 힘차게 뻗어
우리의 못 다한 몫까지 이루어 가려무나

기억 해 다오
너희를 얼마나 사랑 했는지

장마비

번쩍! 하늘을 가르며
화들짝 번개가 쪼개진다
우르릉 꽝! 천지가 무너지듯
천둥이 호령한다

무심코 놀던 아이
손가락으로 두 눈 가리고
콩닥 콩닥 뛰는 가슴
우르릉 꽝! 무서워
마룻바닥에 얼굴을 파묻고 엎드린다

머얼리서 들려오는 비 닿는 소리
쏴악 쏴악
점점 가까이 후두둑 뚝뚝
소나기가 지붕을 두드리며
앞마당을 쓸어내린다

번쩍, 우르릉 우르릉 꽝!
앞뜰의 강아지
마루 밑에 뛰어들고
대청마루 어린아이
엄마 품에 숨어든다

엄마도 사실은 무섭단다 아가야

숨 막히는 무더위는 소나기에 씻겨나가고
삼복더위도 여름 장마에 한풀 꺾인 듯

열대야에 시달리던 여름밤에

번개야 천둥아 우리아기 놀랠라
번쩍 우르릉, 우르릉 우르르르
멀리멀리 가거들랑
시원한 소나기도 한 줄기 곱게 곱게 보내다오

새벽을 여는 하루

새벽 먼동이 트이는 거리마다
밖으로 밖으로 차들이 눈 부비며 나간다
부산하던 아침

집안은 차츰 조용 해 지고
마을엔 하나 둘 불빛이 사라진다
저 태양이 새벽의 문을 두드릴 때
만물의 생명은 소생 한다

너와 나는
세상을 두 눈 속에 담는다

높푸르던 하늘이 땅거미에 밀려
어둠의 장막 뒤로 사라지고
저 건너 마을은 하나 둘씩
별처럼 빛나기 시작한다

집으로 집으로 차량의 행렬이
줄지어 미끄러지듯이
사랑하는 가족들 품으로 돌아오는 시간이다

피곤한 몸과 마음을 누이려
바쁜 걸음으로
가족들 사랑의 물결에
세상의 먼지 모두 씻어 버리고
저녁 식탁에 둘러앉는다

가로등

하나 둘 기지개 켜듯 꿈틀 거린다.

햇살이 어두움 속에 기울고
땅거미 짙어질 때

오가는 사람들 위해 자신의 몸 밝혀
묵묵히 한 자리만을 지키며 서 있다

희뿌연 밤안개 속에 맴돌던
하루살이 나방이 불빛에 날아들고
눈에 가득 등불 담아
오손 도손 연인들 포근히 감싸 주네

바쁜 듯 다가 오다
미련 없이 떠나가는 나그네의 그림자

귀에 익은 신랑의 경쾌한 발걸음
콩닥 콩닥 기다리는 새 색시의 가슴

아이들의 맑은 웃음은
퇴근길 아빠 기다린다

찾아오는 손님 맞아
더불어 흥에 겨워

늘 거기 있어 고마운 줄 모를 것 같은
한 밤의 지킴이

오늘도 빙그레 그 자리에 서있네

4부
그 해 여름

좁은 문

문을 열어라
기다리지 말고

두드리고 밀어보아라
새로운 세상이 다가 올 지니

좁은 문은 생명의 길로
멸망의 문은 크고도 넓은 길로

선택은 자유
늦기 전에 들어가기를 힘쓰라
문이 닫히면
문 밖에서 슬피 우는 한 길손을 볼 것이니

누군가 문을 두드리면
열어 주어라
더불어 먹고 마시리

미지근한 물은
토하여 낼까 염려 된다

열심을 다 하여
마음의 문을 열고 사랑하라
차든지 뜨겁든지 하여
열정을 다해 불태우라

---

* 마태복음 7장 13절

새벽

새벽은 부지런한 발걸음에게만 다가온다

어둠의 창문을 열고 여명을 보여준다
둥근 해를 등에 지고
하루의 문을 열고 들어서는 첫 손님이다

새벽은 가로등 위로 서서히 다가와
그 빛을 잠재우고
빌딩 뒤로 다가와
잠자던 검은 숲을 깨운다

한강다리위에 빛나던 불빛은
어느새 서서히 스러져 가고
부지런한 발걸음은 새빛을 안고
한 날의 길목으로 들어선다

새벽종 기도 소리와 함께
영원을 향한 빛의 소리다

새벽은 부지런한 이에게 내리는 하늘의 선물이다
한 날의 시작을 맞이하는 이는
빛의 새 순을 눈에 담고
경건한 마음으로 하루를 보내리라
숭고한 신의 음성을 들으리라

물

땅이 혼돈하고 흑암이 깊음 위에 있을 때
수면은 충만하여 만물을 품었어라

태초의 비밀을 간직한 채
신비의 손길로 나누인

하늘 아래와 위 두 집이 있어
바다와 구름이라 불렀네

구름은 빗물로 만물의 생수가 되고
바다는 수많은 생명을 품어 번성케 하누나

세상에 모든 것 다 갖추어도
물이 없다면
온 땅에 씨와 열매 찾아 볼 수 있을까

너로 인해 살아 있는
땅위의 육축과 *기화요초
바닷물에 충만한 크고 작은 물고기들
그중의 으뜸은 인간이려니

땅을 사랑하고 모든 생물을 다스려
에덴동산을 회복시킬 수만 있다면

---

*기화요초 : 아름다운 꽃과 풀

쾌속정을 타고 1

바다 위를 땅처럼 달리고 있다.
물살을 가르며

인간이 하늘과 바다를
마음대로 지배 한다는 느낌이다.

인간이 그 분의 권리를 살짝
침범하는 것은 아닌지

오직 그 분만이 하시는 건데

문득
바벨탑 사건이 생각난다.

이 세상 언어가 혼잡해 지고
사람들은 온 지면에 흩어져

인간이 신의 영역을 넘볼 때
그분의 분노를 감당키 어렵다

인간의 문명이 교만의 극치를 달릴 때
산천은 떨고
하늘의 별들은
우 리 눈 에 서 점 점 멀 어 져 간 다

쾌속정을 타고 2

회색빛 바다 위를 달린다
드넓은 바다 위를

물살을 가르는 뱃길은 저 멀리
흔적도 없이 푸른 물에 씻겨버린다

갈매기 한 마리가 외로이 날고 있다
어! 여러 마리가 있네
물고기 떼라도 있나
날아오르느라 분주하다

가랑비는 여전히 바다를 적시고
이제
그만 그쳤으면

푸른 바다가 보고 싶다
아름다운 저녁노을은
수평선 저 너머에 숨겨두고

점점 더 회색빛이 진해지며
시야가 흐려진다
쾌속정은 여전히
제 갈길을 달리고 있는데

믿음이 부족했던
베드로가 갈릴리 호수에
빠져가는 모습이 보이는 듯

물살을 가르는 뱃길은
저 멀리 흔적도 없이 사라진다

※나고야에서 츠로 이동하는 페리호를 타고

노을 1

노을은 신의 축복이어라
하루의 피로를 씻어 주는
명화 감상 시간

굽혔던 허리 펴 저녁하늘 우러를 때
한낮에 어둠을 밝혀 주던 해
기지개 켜는 서쪽 하늘로
밝은 등불 앞 세워 가려 하네

서쪽 수평선으로 기우는 햇님의
마지막 선물인가
아쉬움 가득
바라보는 이에게 보내는
작별 인사인가

황금빛 물감을 아낌없이 쏟아 부어
수평선 하늘가를 찬란하게 물들인
황금 도화지

뭉게구름이 두둥실
기러기 가족들도 너울너울
그림을 그리네
그 누구도 흉내 낼 수 없는 그림을 !

노을 2 – 둥근 해

해돋이 보다 더욱
아름다운 노을

저 태양이 그대 속에
둥근달이 되어 드러날 때

놀라운 신의 솜씨
엿 보았네

소나무 숲 사이로
문득 나타난
보름달

그것은 알고 보니
눈부신 강한 빛
그대 품에 감추고

노을 속에 발가벗은
둥근 햇님이었네

일출 속에 – 생명의 신비

앞산이 살아났다
연두색의 엷은 이불을 덮고
아기 숨결처럼

죽은 듯 숨 죽여 하얀 이불 쓰고
가슴속에 얼음덩이 끌어안고
동장군 견디더니

부드러운 봄바람에 깨어나고
봄비가 젖줄 되어
아기손이 꼬물꼬물 기지개를 켠다

빈 가지를 겨우내 지켜주던
새 둥지도
푸른 잎에 가리워 포근히 쉬고 있다

앙상한 나뭇가지에도 생명줄이 흐르듯
메마른 가슴에 떠오르는 영감의 줄기
타는 듯 한 일출 속에 끝없이 솟아오른다

비행기에서 1

비 내리는 공항
굉음을 내며
독수리 날개 치듯
구름을 뚫고 태양의 나라에 올랐다

구름 땅 저 편
바다처럼 펼쳐진
푸르른 하늘을 향해 날아간다

세상의 온갖 시름을 떠나
평화의 나라로
아기 이불처럼 폭신한
구름의 대지위에서
유유히 떠가는
서 있는 듯 조용히 갈 길을 찾아 간다

문명의 이기(利器)에 모든 걸 맡기고
구름 너머 태양의 제국을 날며

여기가 거기인가
그곳이 여기인가

영원한 집
영혼의 안식처는
어디쯤에 있을까

비행기에서 2 – 종착역

빛나는 태양의 제국을 가고 있다.

하늘을 넘나들고
하강하기 시작하니
다시 구름에 휩싸여
회색빛 짙은 안개 속을 지나간다.

희뿌연 구름길
아무것도 보이지 않는데
목적지를 향해 그저 날고 있다.

나의 자동입력 장치는
어디까지 왔을까
어디를 향해 가고 있는지
어떻게 갈 것인지
아무도 알 수 없지만

시간 따라 흘러만 간다.
쉬지 않고서

피할 수 없는 그 곳
가야만 할
누구나 선택할 수 있는

종착역은
두 곳 중 하나
어디가 좋은지는
모두가 알고 있다

천국과 지옥 에서

대지의 꿈

천하 만물이 내 위에 서 있음이니
나는 이 세상에 제일가는 부자라네
너희를 다 품을 수 있고
내 가진 것 모두 너희 것임이니
단단하고 굳은 몸 위에
하늘이 주시는 선물을 섞어
철따라 어머니의 심정으로
깊은 사랑을 주고 싶나니
그대를 위해 온전한 사랑을 주고 싶다네

사계 (四季)

따뜻한 햇살에 갓 피어난
꽃빛으로 물 들어가는 달콤한 열일곱의 봄

긴 긴 뙤약볕아래
파아란 여름이
익어가는 소리

붓을 들고 잎새마다 사랑을 칠 하는
가을바람

뽀오얀 안개를 몰고 엉금엉금 다가와
겨울 철새의 깃털 속에 숨어드는 지친 영혼의 안식처

이 모든 신의 섭리를 누릴 수 있는
이 땅의
행복한 사계절이어라

바람

겨우내 된바람
봄이 오는 문턱에도
덩달아 기승을 부리는
꽃샘바람이다

보리밭 이삭들의 초록빛 향연을 돌아
겨우내 잠자던 아지랑이 흔들고
얼었던 봄을 두드려 깨운다

웅크린 내 뺨을 스칠 때
문득 부드러운 님의 숨결처럼
여민 옷깃을 풀게 한다

임이여
가는 길에 생명을 깨우소서
만물이 소생하는 이 땅에
찬란한 봄을 맞이하게 하소서

1965년 그 해 여름 – 기우제 드리던 날

얼음장 밑 개구리 기지개 켜고
아롱아롱 아지랑이
봄 나비 너울너울
움츠린 잔디 파아란 새싹 돋아 오른다

보릿고개 넘어 가뭄에 목 탈 때
모판에 애 태우는 농부
하늘 향해 깊은 한 숨

타 들어가는 푸른 초목에
목추길 단비를
내려 주소서, 내려 주소서

기우제 드리던 1965년 남산 야외음악당
도시의 남녀노소
어둠들 때 까지 간절히 기도 한다

갑자기 툭 툭 떨어지는 생명의 빗방울
놀라고 감격한 무리들의 탄성
세찬 빗줄기로 흠뻑 젖은 얼굴엔
환희와 미소가 가득

발 빠른 도시의 우산장수
아니 이게 웬일인가
날개 돋친 듯 팔려나간다
이 고마운 비를 피하려하다니
오, 그 날의 기억이여!

봄비는 소리 없이 내려앉는다

천사의 날개

하늘의 선물
천사의 날개
소리 없는 하아얀 포장지

세상의 모든 슬픔
덮어 버릴 듯
내리고 쌓여
만물을 가리운다

세상의 모든 미움을
지우개로 지운 듯
하얀 캔버스가 된 거리

사랑을 확인하고픈
가난한 연인들
캐럴에 젊음이 들뜨고
루돌프의 썰매
고대하는 크리스마스이브

'성냥팔이 소녀' 읽어주는
젊은 엄마의 눈시울이
붉어지는 겨울밤

살며시 다녀간 싼타의 발자국
햇살 같은 미소로 남아있다
어린아이 꿈속에

창밖엔 소록소록
함박눈이 쌓인다
거리엔 천사의 날개로 가득 찬다
하늘의 선물을 가득 안고서

숙면

하루를 내려놓고
나래를 접는다

세월은 꿈속에 잠겨 있고
산 너울 그림자도 잊혀 진다

끊어지듯 이어지는 생채기
풀벌레 소리
지저귀는 새 소리도

밤안개를 타고
잠이 든다

새벽안개 피어오르듯 다시 깨어나지만
자고나면 생기는 긍정의 힘

편안히 다녀오는 그 세계
신비의 나라
또 다시 가고 싶은 꿈의 세계

오늘

하루를 내려놓고
나래를 접는다

사랑하는 자에게
잠을 주시나니

저울

누구 것이 더 큰가
누가 나 보다 가진 것이 더 많은가
부지런히 세상을 저울질 한다

열 손가락이 받은 사랑은
달아 볼 필요 없이
똑 같은 걸

눈금으로 재어 나누지 않아도
봄볕같이 따스한 숨결
언제나 가슴에 가득 하여라

시시때때로 부으시는
그 사랑은
드린 것 보다 너무 커서
저울에 담기도 어려운데

언제나 후하게 달아 주시던
그 사랑
갚을 길 없어라

5부
깃발은 창공을 가르고

불 1

불이 빛으로 승화할 때
은밀함에서

부끄러움 없는 진실로 드러나
빛의 열매가 되리

어두움은 불길로 소멸하고
말하는 모든 것
빛으로 소생하여

불꽃같은 열정
빛의 사람으로 삶을 불사르리

불 2

이 땅에 태어나
한 줌의 재와 연기로
흔적 없이 날아오른다

기억하리
지나간 세월을

자연으로 돌아가
땅에 스며
슬픔에 잠긴 너에게 안긴다
말없는 대지의 넓은 품안으로

불 3

암흑 속에 헤매는
아주 작은 불빛 하나
소망의 씨앗이 되어
고난의 땅을 걷는
인생의 나그네길

슬픔과 좌절의 고비마다
등불 같은 존재로
이 세상 어디 라도
굽이굽이 나아가리

피아노

덮개를 열어 보세요
그리고
하얀 건반을 눌러 보세요
당신이 원하는
내 속에 감추인 소리를
함께 들을 수 있어요

당신의 가슴 속
풍요로운 감성을
손끝으로 말해 주세요
그대로 나에게 들려주세요
미 파 솔 마음의 건반을

나를 그냥 혼자 두지 마세요
당신이 원하는
당신만이 가진 어떠한 소리도 화음이 되어
온전히 다 드릴 수 있어요

가까이 오세요
나 홀로 두지 마세요
나의 소리를

이젠
들려드리고 싶어요

마음의 선율 따라 흐르는 이곳에

손

가지려고 하면
움켜쥔 손 안의 주름처럼
욕심으로 그어진 주름

베푸는 손에는
활짝 펴지는 손금처럼
마음 가득 평온함이 깃든다

쥐어야 할지
놓아야 할지
인간의 욕심은 더없이 늘어만 가고

손 안에 그어진 삶의 여정은
지나온 세월을 말 해 주듯
굽이굽이 골짜기 마다
희로애락 (喜怒哀樂)의 잔물결이 흐른다

깃발 1

그 언젠가
가슴속에 깃대를 꽂고
무지갯빛 깃발을 흔든다

가까운 곳에서부터
머언 미래를 꿈꾸며
한 뼘 두 뼘 올린다

파아란 깃발이 올라가다 만다
멈칫거리던 그 손
다시
주황색 깃발을 올린다
올라가던 깃발은 점 점
바람결에 나부끼며

큰 숨 들이마시며 올려다본다
저 깃발을 잡으리라
빨 주 노 초 파 남 보
깃발을 모두 올리고

깃발은 바람결에 하늘을 가르고
힘차게 펄럭인다 !!

깃봉은 한 없이 높아만 보이는데
여전히
깃발은 펄럭이고 있다

깃발 2

저들의 심장은 뜨겁게 끓는다
내가 그녀의 손에서 나부낄 때

여린 손에서 오열하며 찢어진 나
가슴 속 응어리 터져라 소리친다

두려움은 멀리 사라지고
염원의 불기둥은 솟아올라
그 무엇으로도 막을 수 없는

야수의 발아래 처참히 짓밟힌 나
손에 손에 움켜쥐고
가슴 깊이 간직 한 채
소리 없이 부르짖는다

오! 깃발이여
우리의 심장이여
저 창공에서 빛나라고

탈

웃고 있다
　울고 있으면서
울고 있다
　웃고 있으면서

할아버지다
　새 신랑이면서
새색시다
　할머니면서

우리는 모두 탈을 쓰고
보여 주고 또 보고 있다
서로가 탈 쓴 모습을 경멸하면서도

진실 된 모습은 어디에 있을까
머리 · 가슴 · 뺏속

솔직한 모습을 드러내면 싫어한다
교양이라는 탈을 쓰고 있다

인생은 가면무도회
길가의 민들레는 그 모습 그대로 아름답다
어린아이와 같지 않으면 천국에 들어갈 수 없나니

자연은 꾸미지 않는다고
제 모습 그대로 보여주고 있다고
자연을 거역하지 않는다고
자연으로 돌아가리라고

종이컵 1

종이컵 속에
그대의 모습이

수많은 사연을
차 향기에 실어

깊은 한숨 말라붙은
세상의 얼룩처럼

삶의 흔적이
그림자처럼 남아

당신은 떠났지만
그 속에 담긴 사연

내 가슴에 아련히
차 향기 너머로

– 김선이 자매님의 사진전에서

종이컵 2

따스한 열정
내 안에 담길 때

감당키 어려운
내면의 출렁임

안개처럼
퍼져가는 내 마음

그대의 코끝에
향기 되어
살포시

내게 와 부딪는
그대의 입술

뜨거운 내 마음
모두 주고

텅 빈 내 속에
그대의 숨결로 가득 차올라

향기는
바람결에 날리고

하얀 편지

흰 눈 내린 마당에
툭! 떨어지는 소리
그 사람의 발자국 소리가 들리는 듯

이른 아침
대문 앞 전깃줄에
까치가 날아와 울더니
좋은 일이 있으려나

편지요- !
소리만 들려도 설레는 가슴

까치가 날아와 놓고 간
노란 종이에 쓴 하얀 글씨

아 - 기다리던 편지
읽고 또 읽으니
행간의 소리까지 들리는 듯

아침에 까치가 울더니

의자

기다린다
널따란 품에
지친 발걸음 찾아오기를

주고받은 말 없어도
따스한 체온이 내 몸 안으로 전해온다
고마운 마음 심연의 뼛속 깊이 들려와

비워 둔다
널따란 품에
나그네의 곤한 발걸음 찾아오기를

아픈 사람 피곤한 사람
쓰러질 것 같은 마음
누구든지 와 쉬라고

기다린다
묵묵히 앉아
나그네의 지친 발걸음 찾아오기를

찾아 봅니다 – 잃어버린 샛길

찾아 봅니다
무얼 잃어 버렸는지

언젠가 잃어버린 샛길

　　여기던가 저기던가
　　희미한 기억 저 편

어슴푸레 해질녘
신작로의 자갈길

　　스며드는 빗물이 흙탕물 되어
　　지나는 행인의 발길을 적십니다
　　헤어진 운동화 틈으로 젖어오던 양말
　　발길은 무겁습니다

그 옛날 토담가의 흙탕길은 간 데 없고
맑고 맑은 빗물이 내게로 와
가슴의 먼지를 씻어 줍니다

□ 시평

빛과 소망으로 가는 길

– 이아영 시인의 시집 『아침노을』 –

홍 문 표
(시인 · 평론가 · 전 오산대총장)

이아영 시인의 첫 시집 『아침노을』 출간을 진심으로 축하한다.늦게 시학을 작심했지만 그의 시에 대한 열정이 이처럼 아름다운 열매가 되어 방대한 시집으로 빛나고 있어 기쁜 마음이다.

한 때는 시를 여름날의 베짱이 정도로, 열심히 일하는 개미와 달리 한가하게 시간이나 보내는 별 볼 일 없는 존재로 생각했다. 그도 그럴 것이 인간들의 삶에서 가장 중요한 것이 의식주이기에 물질적인 문제를 해결하는 것이 급선무였으며 그러기에 물질과 거리가 먼 시나 예술이 대접을 받을 수가 없는 것이었다. 물론 인간에게는 물질적 요소가 필수적이다. 그런데 문제는 물질적인 것, 실용적인 것에만 집착하면서 인간에게 정말 중요한 것이 무엇인지를 망각하게 되었다. 사실 인간은 물질적인 것으로만 존재하는 동물이 아니다. 인간에겐 물질적인 것뿐만 아니라 정신적인 것, 정서적인 것, 생각하고, 창조하고, 상상하고, 사랑하고, 감사하고, 기뻐하는 것들이 있어 동물과 다른 것이다.

이점을 분명히 밝히고 있는 것이 성경의 창세기 말씀이다. 우주의 모든 것들, 해와 달과 별, 그리고 식물과 동물들은 하나님이 말씀으로 창조하시었다. 그러나 인간만은 하나님의 형상대로 창조하신 것이다. 하나님의 형상대로 창조되었다는 것은 물질적인 것으로 만족하는 동물과 달리 인간은 영혼과 정신과 감성을 가진 존재라는 말이기도 하다. 이처럼 영적인 것을 겸비하고 태어났음에도 불구하고 이러한 근본을 망각하고 물질적인 것에만 집착할 뿐만 아니라 이제는 물질이 전부이고 물질이 인간의 운명과 생사화복을 결정하는 절대적인 요소, 바로 신과 같은 존재, 그래서 현대를 물신시대, 물질을 신으로 모시는 시대가 되었다고 비판하기도 한다.

이처럼 물신주의 속에 이성이 마비되고 영혼이 상실된 사회를 클라인 바움은 「죽은 시인의 사회」라는 작품으로 현실을 비판한 일이 있다. 왜 이 작가는 물질과 명예와 출세에 혈안이 된 현대를 하필이면 죽은 시인의 시대라고 했을까. 그것은 시인이야 말로 세속을 초월하여 맑은 영혼과 맑은 눈으로 세상을 바라보고, 물질적인 욕망의 어두움에서, 밝고 아름답고 빛나는 세계를 추구하고 있을 뿐만 아니라, 그러한 세상을 꿈꾸며 그러한 꿈을 시라는 아름다운 언어, 진실한 언어, 예언적 언어로 보여주고 있기 때문이다.

이아영 시인의 이번 시집 『아침노을』에서 보여주려는 꿈도 바로 그런 것이 아닐까. 필자는 이번 시집 제목을 보면서 아침이란 시어는 매우 신선하고 희망적이고 생명력이 넘치고 있을 뿐만 아니라 동녘 하늘을 붉게 물들이고 있는 장관은 황홀하기까지 하다. 하루는 아침의 시간도 있지만 정오의 시간도 있고 저녁의 시간도 있다. 그런데 시인은 아침의 시간, 그것도 아침노을이 빛나는 시간을 제목으로 했다는 것은 분명 아침 시간에 대한 특별한 시적 관심을 보여주는 것이라 하겠다.

빛의 근원
정점에 가까이 다다를 때

어둠에 묻혀있던 저 화초들
비로소 제 빛을 발하며
가지마다 잎 새마다
베토벤의 비창 소나타와 함께 빛나기 시작한다

햇살은 나의 침상까지 달려들어
처져 있던 심신을 소생 시킨다

등성이의 앙상한 가지는
혈육을 그리며
햇살을 그리며
바람에 흔들리고

저 멀리 산 그림자는
어느새 가 버렸구나!

— 「빛과 그림자」 에서

앞산이 살아났다
연두색의 엷은 이불을 덮고
아기 숨결처럼

죽은 듯 숨 죽여 하얀 이불 쓰고
가슴속에 얼음덩이 끌어안고

동장군 견디더니

부드러운 봄바람에 깨어나고
봄비가 젖줄 되어
아기손이 꼬물꼬물 기지개를 켠다

빈 가지를 겨우내 지켜주던
새 둥지도
푸른 잎에 가리워 포근히 쉬고 있다

앙상한 나뭇가지에도 생명줄이 흐르듯
메마른 가슴에 떠오르는 영감의 줄기
타는 듯 한 일출 속에 끝없이 솟아오른다

– 「일출 속에 – 생명의 신비」

인용한 시에서 볼 수 있듯이 이아영 시인의 이번 시집에는 아침에 관한 시가 많다. 아침이나 새벽은 삶의 시작이고, 모든 생명들이 일어나는 시간이며 특히 햇살이라는 생명의 빛을 맞이하는 시간이라는 데서, 인간뿐만 아니라 모든 생명들의 근원이라는 데서 절대적인 희망이 된다. 시인은 「빛과 그림자」에서 찬란한 아침 햇살로 이 시집의 문을 연다. 빛으로 그의 시가 시작되고 있다는 것이다. 빛은 어둠에 있던 화초들의 제 모습을 드러내게 하고, 잎 새 들을 빛나게 한다. 한 마디로 빛은 생명력의 원천이 된다는 말이다. 그러나 빛의 상징적 의미는 어둠을 몰아내고 그림자를 몰아내는데 있다. 이는 태초의 천지창조에서도 잘 들어나고 있다. 하나님은 어둠과 혼돈의 상태에서 빛이 있으라고 하셨다. 하나님의 천지창조는 결국 어둠에서 빛으로 죽음에서 생명으로 이끄시는 하나님의 섭리를 상징적으로 보여주고 있다. 이러한 생명력에 대한 노래는 「일출 속에」서도 드러난다. "앞산이 살아났다/ 연두빛 이불을 덮고/ 아기 숨결처럼" 빛이 생명력의 원천인 것을 가장 잘 보여주는 우주적 이미지가 바로 아침이다. 그리고 이러한 상상력은 봄이라는 계절로 확대된다. "부드러운 봄바람에 깨어나고/ 봄비가 젖 줄 되어 ' 아기손이 꼬물꼬물 기지개를 켠다" 고 했다. 빛은 아침이 되고 아침은 봄이 되고 봄은 어린 아기가 된다. 뿐만 아니라 앙상하게 죽어 있던 나뭇가지가 소생하듯이 시적 화자의 메마른 가슴에도 영감의 줄기가 솟아오른다는 표현으로 이 시를 마무리한다.

물론 하루는 아침만 있는 것이 아니라 저녁도 있고, 아침노을만 있는 것이 아니라 저녁노을도 있다. 그래서 시인은 저녁노을에 대한 시도 썼다.

노을은 신의 축복이어라
하루의 피로를 씻어 주는
명화 감상 시간

굽혔던 허리 펴 저녁하늘 우러를 때
한낮에 어둠을 밝혀 주던 해
기지개 켜는 서쪽 하늘로
밝은 등불 앞 세워 가려 하네

서쪽 수평선으로 기우는 햇님의
마지막 선물인가
아쉬움 가득
바라보는 이에게 보내는
작별 인사인가

황금빛 물감을 아낌없이 쏟아 부어
수평선 하늘가를 찬란하게 물들인

황금 도화지

– 「노을 1」 에서

어느새
세월 흘러 꽃잎 지고 향기 날아가
추억조차 희미한 옛 사랑이 되었네

허나
꽃잎사랑 떨어져
열매 달아 익어지면
예쁜 꽃잎 없어도
묵은 사랑 정겨워 흐뭇하여라

이제 보니
예쁜 꽃도 좋다마는
열매달린 가을 나무만 하랴
꽃 보다 아름다운 건
새콤 달콤 주렁주렁
사랑의 열매 이어라

젊은 날의 사랑은 꽃과 같아서

– 「그림자2 – 옛 사랑의 그림자」 에서

저녁노을은 오후의 시간이고, 인생으로 보면 황혼의 연대다. 그러기에 해질녘의 시간은 아침과는 달리 생명력이 없고, 희망이 없고, 쓸쓸한 시간으로 느끼는 것이 일반적인 상식이다. 그런데 시인은 저녁노을의 시간을 신의 축복의 시간이라 했다. 피로를 씻어 주는 영화감상 시간이라고 했다. "수평선 하늘가를 찬란하게 물들인/ 황금도화지" 라고 했다. 요즘 아름다운 황혼이니 화려한 노후니 하는 말이 있다. 나이는 숫자에 불과할 뿐이고, 노년은 노년대로 젊음이 느낄 수 없는 값진 시간이라는 것이다. 이처럼 시적 화자의 저녁노을은 쓸쓸한 시간이 아니라 황홀하고 아름다운 노을의 시간이다. 따라서 아침의 햇살이 생명의 빛이라면 저녁의 햇살은 황홀하고 아름다운 빛의 시간이 되는 것이다. 그래서 시인은 젊은 날의 황홀한 색깔과 향기에 취했던 사랑의 이야기가 지금은 희미한 옛사랑의 추억이 되긴 했지만 그러나 그 꽃잎이 떨어진 자리에는 오히려 풍성한 열매가 익고 있으니 예쁜 꽃잎이 없어도 저녁노을의 오후가 더욱 흐뭇함을 고백하고 있는 것이다. "예쁜 꽃도 좋지마는/열매 달린 가을 나무만 하랴" 는 것이다. 정말 중요한 것은 사랑 그 자체보다 사랑의 열매라고 하였다. 이처럼 이 시인에게는 생명의 아침 햇살도 소중하지만 저녁노을의 풍성한 햇살도 아름답다는 발상에서 노년의 삶을 긍정하고 적극적으로 노년의 삶을 실천하고 있는 것이다.

그런데 시간은 흐르고 인생도 변한다. 인생만 변하는 것이 아니라 역사도 변하고 사물도 변한다. 여기서 시인이 가장 아쉬워하는 것이 무상한 시간 속에 순수한 자아, 순수한 진실마저 세월 속에 변질되고 망각되어버리는 것에 대한 안타까움이다. 세월이 가는 것은 당연한 일이지만 문제는 시간의 흐름 속에 현실적인 자아와 본질적인 자아가 괴리되고 있다는 것에 대한 깊은 연민이다.

시간이 흐른다
쉬지 않고
강물처럼

아쉬움이 흐른다
작별의 시간이 멀지 않아

쪽배에 몸을 싣고

다시 만날 수 있을까
너의 따스한 손을
다시 잡을 수 있을까

수많은 사연은 쉬지 않고 가슴에 흐른다
삶의 풍경을 눈에 담고
강물은 소리 없이 흐른다

– 「시간 1 – 흐르는 것」 전문

손때 묻은 그곳에는
그대모습 남아있어
얼룩진 소리에 내 가슴이 뭉클
오래전 당신의 모습이 그려집니다

– 「시간 3 – 살아 있는 것」에서

지척에 핀 진달래 개나리
너 예쁘다 쓰다듬을 수 없어
고운향기로 맡아 볼 뿐

깃들어 지저귀던 이름 모를 새들
날개 접고 쉬다 날아가는데
잡지 못한 채 그저 바라보기만 할 뿐

이웃친구들 온 산에 사는데
악수 한 번 못하고
건너다보기만 할뿐

그늘 좋다 쉬어가는 사람 있어
세상살이 함께 할 줄 알았는데
굽은 등줄만 안아 볼뿐

지나가는 바람 한데 모아 아픔 달래며

묵묵히 그 자리에
홀로 서 있을 뿐

「소나무의 외로움 – 나는 그 자리에」 전문

적막한
포효의 함성이

야– 호
거기 누구 없소?
내 말 좀 들어 보소
잘 들리오?
얘기 좀 해 보시오

절벽 같은
심연의 간곡함이
나는 외로워

메아리 되어 되돌아오면
나도 외로워…워…워…

– 「메아리」 전문

시간은 쉬지 않고 강물처럼 흐른다했다. 정해진 시간인데 계속 흘러가니 주어진 시간과 언젠가는 작별할 수밖에 없는 것이다. 그런데 문제는 시간만 흐르는 것이 아니라 그 흐름 속에 그 때의 나와 오늘의 내가 전혀 다른 존재로 변해버린다는 것이다. 변했다는 것은 과거의 나를 잃어버렸다는 말이기도 하다. 그래서 「시간1」 에서는 "다시 만날 수 있을까/ 너의 따스한 손을/ 다시 잡을 수 있을까" 그 때의 너는 따스했었다. 그런데 지금은 그렇지 않다. 그래서 그 때에 너를 추억하며 연민한다. 「시간 3」 에서도 그 때 그대 모습에 대한 연민을 느낀다. 여기서 그 때 그대는 반드시 사람만이 아니다. 그 때 모두가 선망하고 환호했던 추억을 말한다. 지금은 골동품이 되어 박물관에 갇혀 있지만 그 때는 한 시대를 풍미했었다.

이처럼 과거와 현재, 그 때와 지금이라는 시간의 변화는 그 때의 너와 지금의 너, 그 때의 나와 지금의 나를 변질시켜 존재의 상실감나 존재의 괴리감을 느끼게 되는데 이는 시간에서만 그런 것이 아니라 공간에서도 그렇다. 「소나무의 외로움」에서는 붙박이로 존재하는 소나무의 입장에서는 지척에 핀 진달래도 쓰다듬을 수 없고 날아가는 새도 잡을 수 없으며 이웃 친구와 악수 한 번 할 수 없으며, 쉬어가는 사람과는 굳은 등줄만 안아 볼뿐이다. 이는 어찌 소나무뿐인가. 모든 사물, 모든 인간들은 자기 고집, 자기 위치에만 있기에 결코 소용이 될 수가 없는 것이다. 「메아리」에서 보듯이 진정한 소통은 없고, 메아리처럼 자신의 뜻은 그냥 되돌아오고 마는 것이 존재들의 근원적인 외로움이다.

이처럼 시간과 공간 속에서 나의 본질이 변질되고 너와 내가 소통 불가능한 실존적 자각에서 어떻게 하면 이 외로움을 극복할 것인가.

세상의 온갖 시름을 떠나
평화의 나라로
아기 이불처럼 폭신한
구름의 대지위에서
유유히 떠가는
서 있는 듯 조용히 갈 길을 찾아 간다

문명의 이기(利器)에 모든 걸 맡기고
구름 너머 태양의 제국을 날며

여기가 거기인가
그곳이 여기인가

영원한 집
영혼의 안식처는
어디쯤에 있을까

– 「비행기에서 1」 에서

나의 자동입력 장치는
어디까지 왔을까
어디를 향해 가고 있는지
어떻게 갈 것인지
아무도 알 수 없지만

시간 따라 흘러만 간다.
쉬지 않고서

피할 수 없는 그 곳
가야만 할
누구나 선택할 수 있는

종착역은
두 곳 중 하나
어디가 좋은지는
모두가 알고 있다

천국과 지옥에서

– 「비행기에서 2 – 종착역」

푸른 바다가 보고 싶다
아름다운 저녁노을은
수평선 저 너머에 숨겨두고

점점 더 회색빛이 진해지며

시야가 흐려진다
쾌속정은 여전히
제 갈 길을 달리고 있는데

믿음이 부족했던
베드로가 갈릴리 호수에
빠져가는 모습이 보이는 듯

물살을 가르는 뱃길은
저 멀리 흔적도 없이 사라진다

– 「쾌속정을 타고 2」에서

아침노을의 시간이나 저녁노을의 시간이 생명의 시간이고 황홀한 시간이기는 하지만 그렇다고 지상의 삶이 완전한 것은 아니다. 지상에는 끝내 시간적 단절이 있고, 공간적 단절이 있는 고독한 세계이기 때문이다. 그래서 시인은 보다 완전한 삶을 추구한다. 그런데 완전한 삶은 사실은 과거나 현재에 있는 것이 아니라 미래에 있고 지구 저편에 있다. 그래서 시적 화자는 지상을 벗어나 비행기를 타게 된다. 그곳에만 가도 「비행기에서 1」을 보면 세상의 온갖 시름을 떠나 평화가 있고, 아기이불처럼 폭신함이 있고, 조용함이 있기 때문이다 .그래서 시적 화자는 "여기가 거기인가/ 그곳이 여기인가" 라는 말을 한다. 여기서 거기란 바로 인간들이 모두 소망하는 완전한 나라 천국일 것이다. 구름만 벗어나도 천국이 가까움을 알게 된다.

이러한 생각은 「비행기에서 2」에서 더욱 구체화된다. 비행기는 목적지가 분명하다. 그러나 인간의 미래는 미지의 세계다. "어디까지 왔을까/ 어디를 향해 가고 있는지/ 어떻게 갈 것인지/ 아무도 알 수 없지만" 다만 확실한 것은 시간이 간다는 것이고, 누구나 선택해야 하는 피할 수 없는 그곳, 죽음의 세계로 가는 것은 분명하다는 것이다. 그리고 그 종착역은 천국과 지옥 중 하나다. 어디로 갈 것인가. 시적 화자는 이점을 엄숙하게 질문하고 있다.

「쾌속정을 타고 2」 도 "푸른 바다가 보고 싶다/ 아름다운 저녁노을의 수평선 저 너머에 숨겨두고" 에서 보듯이 시적 화자는 푸른 바다가 보고 싶다고 했다. 순수하고 평화롭고 아늑한 공간에 대한 열망이다.

이처럼 현재보다 미래, 여기보다는 거기에 소망을 갖는 것은 이 시인의 신앙적 세계관이기도 하다. 기독교는 현실에서 미래로, 죽음에서 생명으로, 유한에서 무한으로 가는 영원한 소망의 종교다. 그러기에 시인은 미래의 밝은 세상을 강하게 염원하는 시를 쓰게 된다.

그런데 아침의 넘치는 생명력이나 노을의 황홀한 삶이나 변질된 자아의 탐구나 미래의 완전한 세계에 대한 열망이나 이러한 주제들이 얼마나 시적으로 승화되었는가가 시의 예술성을 입증하는 것 인데 이런 시인의 조건을 감안할 때 다음의 시들은 매우 주목할 작품들이다.

슬픔을 머금은 듯
하얗게 봉울져
꽃샘바람에 너울너울

그리운 사람
서 있을 것 같아
창을 열고 바라보네

아득히 먼 곳에 잊혀 졌지만
봄이 오면 그리워
하도 그리워

새 하얀 목련꽃잎
떨어질까 마음 졸이네

그때 그 사람
한 겹 또 한 겹
눈빛으로
피어나던 하얀 약속

– 「하얀 약속 – 목련」 전문

다소곳이 고개를 내민다
망망대해 깊숙이 발 돋우고
머리만 겨우 들어 숨을 쉰다

수많은 비밀을
심연 속에 가득이 감추인 채
사연 실어 밀려오는
파도와 벗하며
거센 풍랑 속에 묵묵히

언제나 그 자리에 서 있다
햇살도 잠시 쉬어가게

– 「섬 1」 전문

가녀린 몸매에
해맑은 미소

흐르는 바람결에
맞서지 않고

이리저리 휘어지는
긍정의 힘이여

– 「코스모스 1」 전문

목련을 「하얀 약속」 이라고 하는 것도 흥미롭거니와 "그리운 사람/ 서 있을 것 같아/ 창을 열고 바라보네" 는 약속이란 제목과 조화를 이룬다. 이는 마지막 연에서 "그 때 그 사람/ 한 겹 또 한 겹/ 눈빛으로/ 피어나던 하얀 약속" 과도 잘 어우러지고 있다. 「섬 1」 은 신체 감각적 이미지가 정감 있다. "고개를 내민다" , "발 돋우고" , "머리만 겨우 들어 숨을 쉰다" 가 그것이다. 「코스모스 1」 도 의인화된 이미지 "흐르는 바람결에/ 맞서지 않고" 나 "이리저리 휘어지는/ 긍정의 힘이여" 등도 매우 설득력 있는 해석적 상상이다.

이처럼 이 아영 시인의 이번 시집 『아침 노을』 은 아침의 시간이 어둠에서 빛으로 생명으로 탄생하는 황홀한 시간일 뿐만 아니라 오후에도 황홀하게 빛나는 시간이 되고 있으며 그러한 생명의 빛이 내일을 소망하는 신앙과 어우러지면서 빛과 소망으로 가는 아름다운 시적 상상력을 감동적으로 구사하고 있는 것이다.

□ 작가소개

이아영 (李娥永)

- 호: 지원(智苑)
- 서울출생

- 연세대학교 간호대학 졸업
- 숭실중.고 보건교사 역임
- 창조문학 시부문 등단
- 비단산문화축제 백일장 심사
- 창조문학 운영이사
- 한여울 문학 7기 회장

- 동인지 『한여울의 맑은 꽃』
  『대지의 한여울』
- 시집 『아침노을』

E-mail : **ayleemukim@hanmail.net**

이아영 시집

아침 노을

2014년 2월 20일 인쇄
2014년 2월 20일 발행

지은이 이 아 영
펴낸이 신 용 호
펴낸곳 창조문학사

서울 서대문구 가좌로 86 동천아카데미 5층
등록번호 제1-263호
전화 02-374-9011 / FAX 02-374-5217

공급처 한국출판협동조합 전화 070-7119-1740

저자와 협의에 의해 인지를 생략합니다.
파본은 바꾸어 드립니다.

값 10,000원
ISBN 978-89-7734-359-7